Zauberhafte Masken
und Clowns
zum Selbermachen

Helga Sander

Zauberhafte Masken und Clowns zum Selbermachen

ENGLISCH VERLAG

CIP-Kurztitelaufnahme der Deutschen Bibliothek

Sander, Helga:
Zauberhafte Masken und Clowns zum Selbermachen/
Helga Sander. – Wiesbaden: Englisch, 1987.

ISBN 3-88140-312-4

Printed in Spain by Egedsa
D.L. B-27.356-87

Inhaltsverzeichnis

Vorwort

Clowns und Masken können Sie mit etwas Geschick und Geduld leicht selber fertigen.

Es gibt für sie eine Vielfalt von Verwendungsmöglichkeiten: als Maskottchen, als dekorativen Wandschmuck oder als Geschenk.

Bevor Sie mit der Arbeit beginnen und den Materialeinkauf vornehmen, sehen Sie sich erst in Ihren eigenen vier Wänden um. Der Stoff, für den Sie sich entscheiden, soll mit den Farben Ihrer Einrichtung harmonieren.

Fertigen Sie grundsätzlich erst die Kleidung. Zu einem bemalten Gesicht die entsprechende Farbe des Stoffes zu finden, ist nicht immer einfach. Als Accessoires eignen sich fast alle Arten von Modeschmuck, Federn, Bänder usw. – solange sie farblich zusammenpassen.

In diesem Buch finden Sie eine Fülle von Anregungen, die Sie selbstverständlich nach Ihrem eigenen Geschmack individuell variieren und verändern können. Nicht die Nachahmung der vorgegebenen Muster, sondern die Umsetzung der eigenen kreativen Vorstellung gibt Ihren Werken eine besondere, reizvolle und persönliche Note.

Helga Sander

CLOWNS

Der Grundschnitt für den Körper

Diesen Grundschnitt können Sie bei jedem Bastelset anwenden, wenn Sie die vorgegebenen Maße auf die jeweilige Größe Ihrer Puppenteile umrechnen. Die folgenden Größenangaben dienen Ihnen als Beispiel.

Kopf:	10 cm oder 12 cm
Körper:	
Kopf × 2	= 20 cm oder 24 cm
Arme:	
Kopf × 2,5	= 25 cm oder 30 cm
Beine:	
Kopf × 3	= 30 cm oder 36 cm

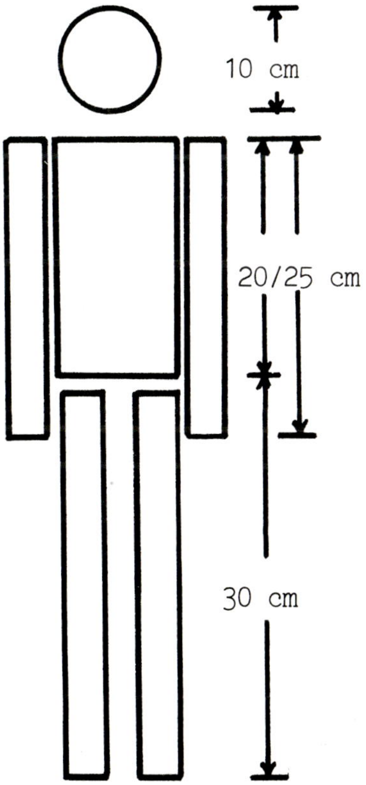

Kopf, Hände und Füße

Die hier abgebildeten Teile sind in allen gut geführten Bastelläden oder bei den Verfassern erhältlich.

Wer besonders geschickt ist, kann sich Kopf, Hände und Füße aus Knetmasse selber modellieren und weiterverarbeiten.

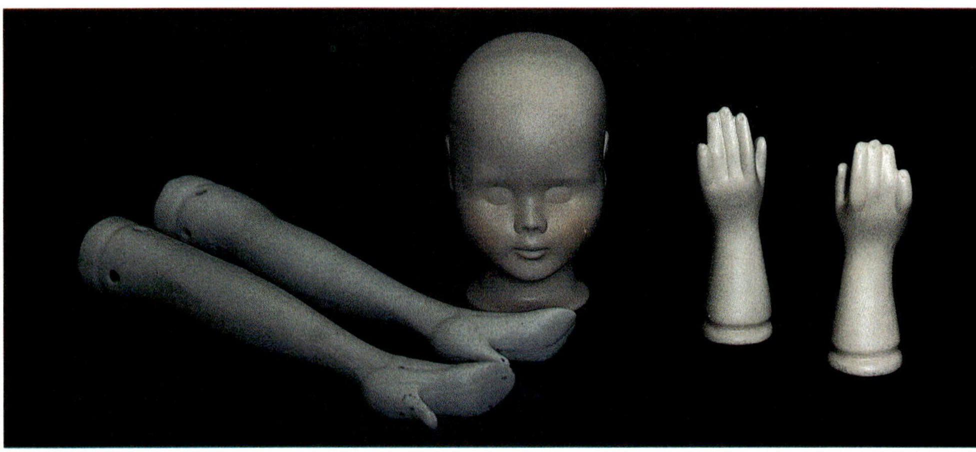

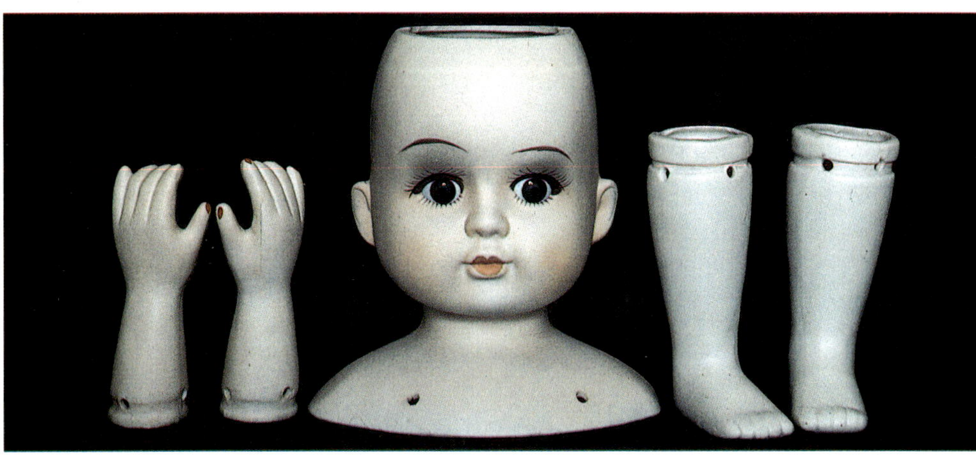

Der Kleiderschnitt

Für jedes der hier aufgezeigten Kleidungsstücke sind bei einer Stoffbreite von 90 cm je 2 m erforderlich. Liegt der Stoff jedoch 1,40 m breit, benötigen Sie ca. 1,20 m.
Für die Tüllkrause sind 60 cm angebracht bei doppelter Breite.
Beachten Sie das Schema gut.
Legen Sie den gefertigten Puppenkörper auf den Stoff und schneiden Sie reichlich zu, so werden ein guter Stofffall und die wichtige Fülle gewährleistet, die Clowns so liebenswert machen.
Bitte beachten Sie beim Einkauf, daß die zu verarbeitenden Stoffe knitterfrei sein sollen.
Die Kleidung wird am Stoffkörper des Clowns fest angenäht; somit ist ein späteres Bügeln fast unmöglich.

Das Bemalen der Gesichter

Bevor Sie mit dem Bemalen des Puppenkopfes beginnen, versuchen Sie erst einmal, verschiedene Augen, Augenbrauen und Lippen mehrmals auf Papier nachzumalen.
Wenn Sie genug Fertigkeit entwickelt haben, sollten Sie sich an das Auftragen der Farbe auf den Puppenkopf heranwagen.
Beginnen Sie nun mit den Augen, und zeichnen Sie sie auf dem Puppenkopf mit Bleistift vor. Dann malen Sie diese mit dem besonders feinen „3 × 000"-Pinsel mit schwarzer Aquarellfarbe nach.
Je nach Stoffarbe können Sie noch die Iris ausmalen. Die Augenbrauen schauen in Schwarz meist am schönsten aus. Sonstige Farben sind passend zur Kleidung auszuwählen.

GOGGOLORE als Anregungsbeispiel

An dem Schaustück auf der nächsten Seite wird Ihnen aufgezeigt, was mit ein bißchen Phantasie aus einem simplen Puppenkopf zu machen ist.
Die Grundlinien für Augen, Augenbrauen und Lippen werden erst mit Bleistift vorgezeichnet und dann mit schwarzer Aquarellfarbe nachgezogen. Die Flächen über den beiden Augenlidern werden schuppenartig aufgeteilt und anschließend mit grüner Farbe, die mit etwas Gelb vermischt wird, sorgfältig ausgemalt.
Um die Schuppen deutlich hervorzuheben, wird deren untere Hälfte mit einem weißen Punkt versehen. Zum Abschluß dieser Augenbemalung wird zur Verstärkung des Kontrastes der äußerste Rand dünn goldfarben nachgezogen.
Die Kleidung ist aus Rohseide gefertigt, in Beige, Hell- und Dunkelbraun. Die runde, tellergroße Kopfbedeckung ist mit einem Federbusch in verschiedenen Brauntönen geschmückt. Um den Hals ist eine breite Goldborte gelegt.

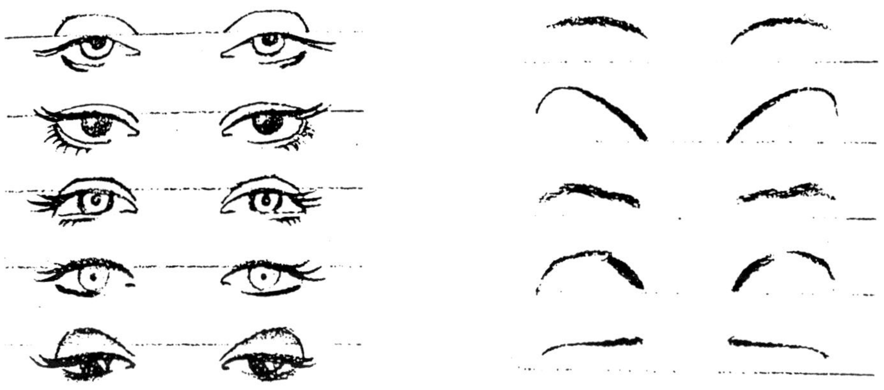

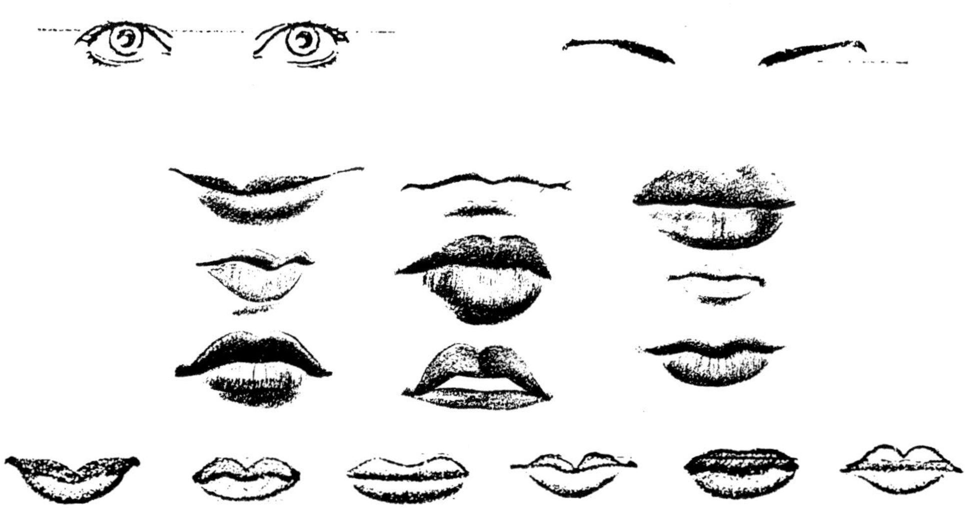

Das Titelbild

Die Ausarbeitung dieses Prachtstückes fordert viel Geduld und Zeit. Als Materialien werden verwendet:
Kopf, Hände und Füße, Stoff für den Körper, Füllwatte, 2 m Seidentaftmoiré, 1,5 m Goldlamé, 2 m Goldkordel, ein 50 cm langes, dünnes Rundholz und eine unbemalte Maske.
Den Körper fertigen Sie laut Angabe auf Seite 8. Der nachfolgende Schnitt für den Anzug ist so zu verkleinern, daß es eine lockere, füllige Kleidung ergibt. Den Hosenschnitt legen Sie jeweils am Stoffbruch auf und schneiden 2 × 2 zu. Erst sind die Innennähte zu schließen und darauffolgend die beiden Hosenteile aneinanderzunähen. Das untere Ende eingereiht und am Stoffkörper befestigt, ergibt den Pluderhoseneffekt. Auch die Taille wird leicht eingehalten und am Körper festgenäht. Darauf sitzt die vorne spitz verlaufende Weste aus Goldlamé. Die Jacke ist einmal in Weiß und einmal in Gold zuzuschneiden. Goldlamé wird auch innen als Jackenfutter verwendet und gibt der Kleidung eine besonders reizvolle Note. Die Mütze wird 4× zugeschnitten, zusammengenäht und umgedreht. Auf dem oberen und unteren Rand wird jeweils eine Goldkordel angebracht. Schneiden Sie reichlich zu, daß die zusammenlaufenden Enden leicht geknotet werden können.
Das Ausmalen der Augen entfällt bei Puppen dieser Größe, da sie schon mit eingesetzten Augen im Handel erhältlich sind. Falls Sie sich die schwierig anmutende Bemalung nicht zutrauen, können Sie die fertig bemalte Maske sowie auch den Kopf über den Verfasser beziehen.

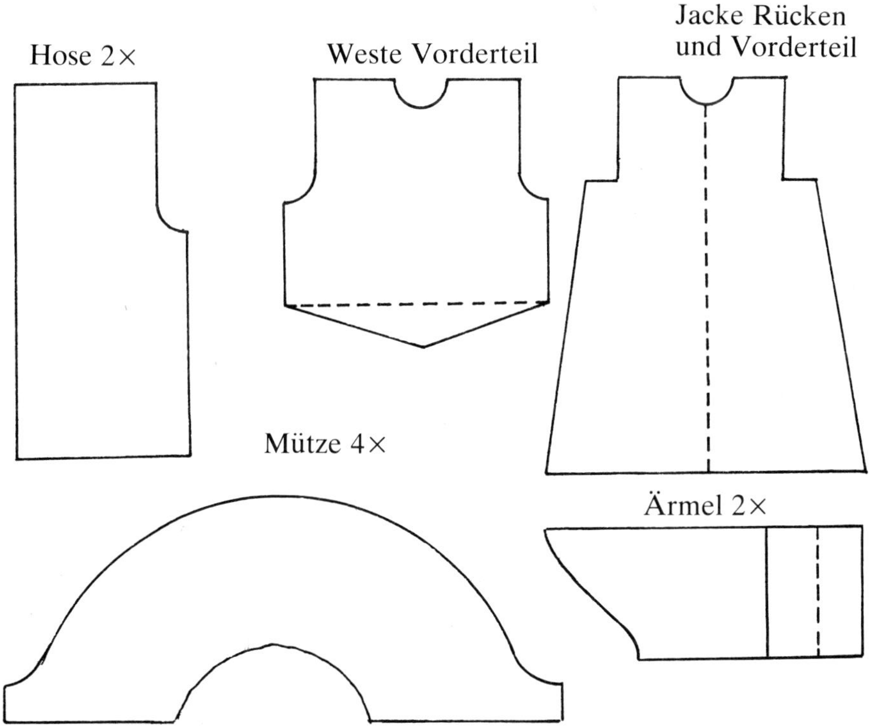

Verschiedene Clowns

Denken Sie auch an den Carneval in Venedig beim Betrachten dieses farbenprächtigen Clowns?
Der Kleiderschnitt des Clowns vom Titelbild findet hier Verwendung. Die Ausarbeitung ist dieselbe. Statt einer Rüsche bekommt dieser hier eine weiße Halskrause aus festem Stoff (steht besser).
An einem Rundholz wurde die fertige kleine Maske befestigt.
Mit Holzleim wird die Stabmaske in der Puppenhand festgeklebt.
Eine gemalte Träne auf der Wange sieht gut aus. Die Puppenbeine sind farbharmonisch zur Kleidung bemalt.

Karino

Das unbemalte Gesicht wird mit dem Lineal in 4 gleichgroße Flächen unterteilt. Das obere linke sowie das untere rechte Viertel sind in Schwarz gehalten; die beiden übrigen Felder sind wahlweise silber- bzw. goldfarben. Die Augen- und Mundpartie wird nach Belieben dem vorgegebenen Schema (siehe Seite 11) entnommen. Dabei ist zu beachten, daß die vorher aufgetragenen Grundfarben (Schwarz/Gold, beziehungsweise Schwarz/Silber) mindestens 24 Stunden trocknen müssen. Die Kleidung wird nach dem Grundschnitt (Seite 10) gefertigt. Für die Halskrause wird ein ca. 3 m langes und 15 cm breites Stoffstück gold- oder silberfarben (je nach Gesichtsfarbe) eingefaßt.
Der obere Rand wird 0,5 cm nach innen umgeschlagen und so fest eingereiht, daß die Halskrause, über den Puppenkopf gezogen, gut anliegt. Die Ärmel werden mit 4 cm großen Karos in den jeweiligen Farben besetzt. Diese können zusätzlich mit Perlen bestückt werden. Um den Kopf wird lose ein Stoffstück gewunden und nach Gefallen festgenäht. Ein aus Stoffresten gefertigter Zopf liegt fest an der Stirn an.

Aus rosenholzfarbener Seide sind die Kleidung und die Halskrause dieses Clowns gefertigt, wiederum nach dem Grundschnitt von Körper und Kleidung.
Goldspitze verziert die Halskrause, die vor dem Besetzen eingesäumt wird.
Die Mütze aus Goldspitze ist leichter zu nähen als es aussieht. Beginnen Sie ganz oben mit der kleinsten Rundung, die mit der jeweiligen Spitze zu machen ist. Der Kopfform angepaßt, wird die jeweilige Rundung erweitert, bis Sie die Stirne damit erreicht haben.
Mit den Füßen verfahren Sie ähnlich. Am untersten Ende des Stoffkörpers nähen Sie die Spitze mit einigen Stichen fest, damit sie nicht wegrutscht. Winden Sie sie nun dem Bein entlang bis zur Ferse, und nähen Sie sie rundum fest. Der Vorfuß wird genauso gefertigt.
Den Kopf können Sie schon bemalt im Handel kaufen.
An der Nahtstelle vom Ärmel zum Anzug kann noch zusätzlich eine goldene Fransenborte angebracht werden.

Kopf, Hände und Füße sind bei dieser Puppe rundum mit Gold besprüht und nach der angegebenen Trocknungszeit am Puppenkörper (Grundschnitt) festgenäht.
Glitterpaint in Gold erfordert ebenfalls mindestens 24 Stunden Zeit zum Trocknen. Deshalb zieht man diesen Arbeitsgang vor.
Nähen Sie die 3 Tüllstreifen der Halskrause aneinander, so ergibt sich ein langer Streifen. Suchen Sie einen Platz, auf dem dieser Tüll mindestens 24 Stunden liegen kann. Legen Sie Alufolie unter. Das Abnehmen ist dann problemlos.
Mit dem Glitterpaint in Gold wird an einem Ende ein feiner Strich gezogen. Die recht flüssige Substanz trocknet fest an nach der angegebenen Zeit. Mit einer Schere wird nach dem Festwerden der überstehende Tüll weggeschnitten. Das Säumen der Halskrause entfällt damit, und es sieht sehr dekorativ aus. Das obere Ende reihen Sie wie üblich fest ein. Die Kleidung (Schwarz/Gold) nähen Sie nach dem Grundschnitt und befestigen sie am Puppenkörper. Setzen Sie die Halskrause ganz eng anliegend auf.
Als Mütze ist der Reststoff in der Art eines Turbans um den Puppenkopf gelegt und festgenäht. Auf die Gesichtsbemalung wird in diesem Falle verzichtet. Das fertige Gebilde sieht auch so dekorativ aus. Dazu die richtigen Augen, Augenbrauen und Mund zu finden, wäre nicht einfach.
Legen Sie unter die Halskrause ein langes Stück Perlonschnur, und hängen Sie das Goldstück nun an die Wand.

Diese Puppe wurde nur aus dem Rest eines Vorhangstoffes nach dem Grundschnitt genäht.
Der letzte verfügbare Stoffstreifen hiervon ist lose um den Kopf gewickelt, die Ränder nach innen gesteckt und mit einer langen Nadel festgenäht. Mit einigen Metallsternchen und Perlen ist die einfache Mütze schnell verziert.
Die Halskrause ist aus einem Futterstoffrest und wird, wie bereits mehrmals beschrieben, gesäumt, eingereiht und am Hals festgenäht. Sollten vorhandene Reste für einen Schnitt einzeln nicht ausreichen, nähen Sie ruhig verschiedene Stoffe, auch verschiedene Stoffarten, aneinander. Dabei sollte der zusammengenähte Stoff jedoch vor dem Zuschneiden gebügelt werden.
Die Gesichtsbemalung ist absichtlich schlicht gehalten.

Ganz bewußt wurde für den Anzug dieses Clowns ein solcher Stoff ausgewählt, um aufzuzeigen, wie gut sich Muster des Stoffes auf ein Puppen- bzw. Clowngesicht übertragen lassen.
Zwei Möglichkeiten bieten sich hier geradezu an. Einmal kann man das ganze Blatt erst schwarz ausmalen, die Blattränder und Blattrippen mit Gold nachziehen, oder Sie lassen die schwarze Farbe ganz weg und zeichnen nur goldfarbene Umrisse der Blätter auf. Dazu sollte dann aber die Federboa, die um den Hals gelegt ist, in einer anderen Farbe gewählt werden. Die nur goldfarbene Gesichtsbemalung würde dabei zu sehr in den Hintergrund treten.

Die Mütze ist, im Umfang tellergroß, beschrieben auf Seite
Eine dicke Goldkordel wird zusätzlich als Schmuck angebracht.

Gemusterte Stoffe ergeben eine Vielfalt von Ideen, zum Beispiel: Vögel, Luftballons, Sterne, Blümchen, Schmetterlinge oder nur einfache graphische Muster.

Schneidern Sie aus silberglauem Samt die Kleidung für einen Clown. Bemalen Sie das Gesicht mit einem Palmkätzchenzweig. Motive für Palmkätzchen sind vielfach angeboten auf Servietten, Glückwunschkarten usw.

„Till“

Für den „Till“ wurde derselbe Kopf wie der des Clowns mit Maske (siehe Titelfoto) verwendet. Die Beine für den Puppenkörper wurden ca. 10 cm länger gemacht, um dem fertigen Till die notwendige Fülle zu verleihen.
Für die Kleidung wurden benötigt:
Ca. 2,5 m langer und 1,4 m breiter, in Weinrot gehaltener seidig-schimmernder Stoff, 1,5 m Silberlamé, 9 Glöckchen, wovon 6 für die Kragenspitzen und 3 für den Kopfschmuck benötigt werden.
Der linke Anzugteil und der rechte Ärmel werden mit Streifen aus Silberlamé versehen. Halsrundung, Ärmel und Fußenden werden eingereiht am Körper angenäht. Die Halsdreiecke, zusammengenäht mit je einer rosa und einer silbernen Seite, werden gewendet und an der Spitze mit einem Glöckchen geschmückt. Legen Sie eine kleine Falte (wie auf dem Bild zu sehen) am oberen Rand des Dreieckes und stecken Sie diese einmal mit der weinroten und einmal mit der silbernen Oberseite gleichmäßig am Hals fest. Als Abschluß wird am Hals ein gefalteter Streifen aus Silberlamé leicht eingehalten und aufgenäht.
Für die Mütze ist der Schnitt so zu vergrößern, daß die untere Breite der 3 zusammengenähten Hörner die Stirne des Puppenkopfes knapp umschließt.
Aus verbleibenden Stoffresten wurde ein Zopf geflochten und als Abschluß zusätzlich ausschmückend um die Stirne gelegt.

Bayerischer

Aus einem Rest Dirndlstoff in Dunkelblau mit kleinen rosa und hellblauen Blümchenmustern wurde das Anzugteil zugeschnitten. Ärmel und Mütze dagegen sind aus uni dunkelblauem Stoff gefertigt.
Das Blümchenmuster ist ins Gesicht zu übertragen. Selbst die Augen werden in dunkelblauen Tönen gehalten. Die Füße wurden den Blümchenfarben nach in Hellblau und Rosa angemalt. Für die Halskrause benötigen Sie eine 3 m lange Taftschleife, die farblich mit dem vorgegebenen Muster des Anzuges harmoniert. Verlängern Sie beim Zuschnitt der dunkelblauen Mütze das obere Ende so, daß es spitz zuläuft.

Grün und Gold harmonieren gut zusammen. Das linke Anzugteil und der rechte Ärmel sind hier mit Goldlamé abgesetzt. Da Lamé an knappen Nahtstellen sehr leicht ausreißt, geben Sie an den Nähten gut zu. Der Anzugstoff schimmert leicht.
Die Anzugteile mit den Ärmeln sind wie beschrieben am Stoffkörper der Puppe anzubringen.
Für die Halskrause verwenden Sie den Anzugstoff, ebenfalls für die Mütze vom Schnitt Seite 15.
Die Halskrause wird am unteren Ende mit einem Goldband erst an einer Seite, dann umgeschlagen auf der Rückseite angenäht. Das beidseitige Nähen ergibt eine Festigkeit, die sich im Faltenwurf der Krause besonders hervortut.
3 fertig gekaufte Goldquasten dienen zur weiteren Ausschmückung.
2 davon werden jeweils an den spitzen Enden der Mütze angebracht, die dritte in einer der Porzellanhände befestigt.
Gleichen Sie unbedingt beim Ausmalen die Augenfarbe den Farben des Anzuges an. Je mehr Farbharmonie das fertige Stück ausstrahlt, desto mehr Wirkung geht von diesem Clown aus.
Falls Sie sich neue Gardinen kaufen, nehmen Sie um so viel mehr Stoff, daß daraus gut ein Clown zu fertigen ist.
Bringen Sie das fertige Werk nahe bei den Gardinen an der Wand an. Sie werden über diesen Effekt begeistert sein.

Ein Stück vergoldete Webspitze, das diesem Harlekin als Mütze dient, ist Vorlage zum Ausmalen des Gesichtes. Kleine runde Blütenblätter, die die Mütze aufweist, werden über den Augen in Goldfarbe angebracht. Das größere davon wird in der Mitte des Augenlides angebracht. 2 kleinere links und rechts davon.
Rundlich wird ebenfalls das Auge selbst gemalt. Die Wimpern reichen gut bis zur Wangenmitte. Für die Bemalung der Lippen wird etwas Schwarz in die Goldfarbe gemischt, um ihnen mehr Ausdruck zu verleihen. Pailletten in Blütenform werden auf die Mütze und auf die Halskrause aufgenäht.
Bleiben einige davon übrig, bringen Sie diese in unregelmäßigen Abständen auf dem Anzug an, der nach dem Grundschnitt aus in sich gemusterter weißer Seide gefertigt ist.
Beide Beine bekommen einen Goldanstrich. Nett sieht es aber auch aus, wenn Sie ein Bein in Silber anmalen, trotz des vorherrschenden Goldtones. Eine Kette baumelt von der Mütze leicht bis zum Hals.
Tip: Golddurchwirkter weißer Tüll, als Halskrause verwendet, macht den Harlekin weniger arbeitsaufwendig, da in diesem Falle die Halskrause nur am unteren Rand ausgeschnitten werden muß.

Eine andere Variante des „Till“ auf Seite 22 ist dieser in Grün und Lila gehaltene, mit Perlschnüren verzierte Clown.
Körper und Kleiderschnitt sind wie üblich vom Grundschnitt abgenommen.
Ein Ärmel und ein Anzugteil in Lila, die beiden anderen in Grün.
Der grüne Ärmelzuschnitt und der des Anzuges werden in der Hälfte auseinandergeschnitten und mit den jeweiligen Hälften der lila Zuschnitte wieder zusammengenäht. So hat jeder Ärmel und jedes Anzugteil je ein grünes und ein lila Stück.
Die Dreiecke werden lediglich länger zugeschnitten. Sie sollten, fertiggenäht, fast den Oberkörper bedecken. Die Außenränder der Dreiecke werden mit der Perlenschnur (Meterware aus Bastelläden) verziert, genauso werden die 3 Hörner der Kopfbedeckung an den Außenrändern geschmückt.
Bei diesen kräftigen Farben der Kleidung ist Zurückhaltung geboten bei der Ausmalung des Gesichtes. Die Bemalung der Porzellanbeine wird abgestimmt mit der Farbe des Stoffes, der am jeweiligen Bein endet. Ist der Stoff grün, bemalen Sie das Bein lila, ist der Stoff lila, belegen Sie das Bein mit grüner Farbe.

Anhand dieses in Weiß und Silber gehaltenen Clowns wird aufgezeigt, daß aus schon vorhandenen Puppen mit ein bißchen Phantasie viel zu machen ist. Kleider und Perücke werden entfernt. Die Kleidung ist wiederum nach dem Grundschnitt gefertigt. Die Halskrause, ca. 2 m lang und ca. 10 cm breit, wurde eng gesäumt und eng eingereiht am Hals festgenäht. An der enganliegenden Mütze sitzen 2 Silberstreifen. 2 leicht schräge Streifen, ca. 1 cm breit, in Weiß und Silber, über das Gesicht auf die schon vorhandene Augenbemalung gemalt, lassen vergessen, was die Puppe ursprünglich war.
Die Beine werden mit Silberspray ringsum eingefärbt.

Phantasie in Rot

Für diesen aufwendig gearbeiteten Clown wurden folgende Materialien verwendet:
Feuerroter, in sich gemusterter Duchesse, Silberlamé, roter Tüll, rote Federboa, Straßschmuck, Silberspray und Aquarellfarben.
Der nach dem Grundschnitt gefertigte Körper wird mit silberbesprühten Füßen (24 Stunden trocknen lassen!) versehen.
Die zugeschnittenen Stoffteile der Kleidung werden mit Streifen aus Silberlamé abgesetzt. Beide Ärmel werden gerade eingesetzt, unten zusammengerafft und am Stoffkörper angenäht. Der Halsausschnitt wird eng zusammengezogen festgenäht. Darauf wird die vorgefertigte Tüll-Halskrause, deren Rand mit einem Silberstreifen eingefaßt ist, befestigt. Über dieser Krause liegt die Federboa.
Die Hosenbeine werden unter dem Knie gerafft und angenäht. Für die eng anliegende Mütze wurde Silberlamé verwendet und mit dem Straßschmuck dekoriert.
Die Gesichtsbemalung ist ähnlich der des „Goggolore".

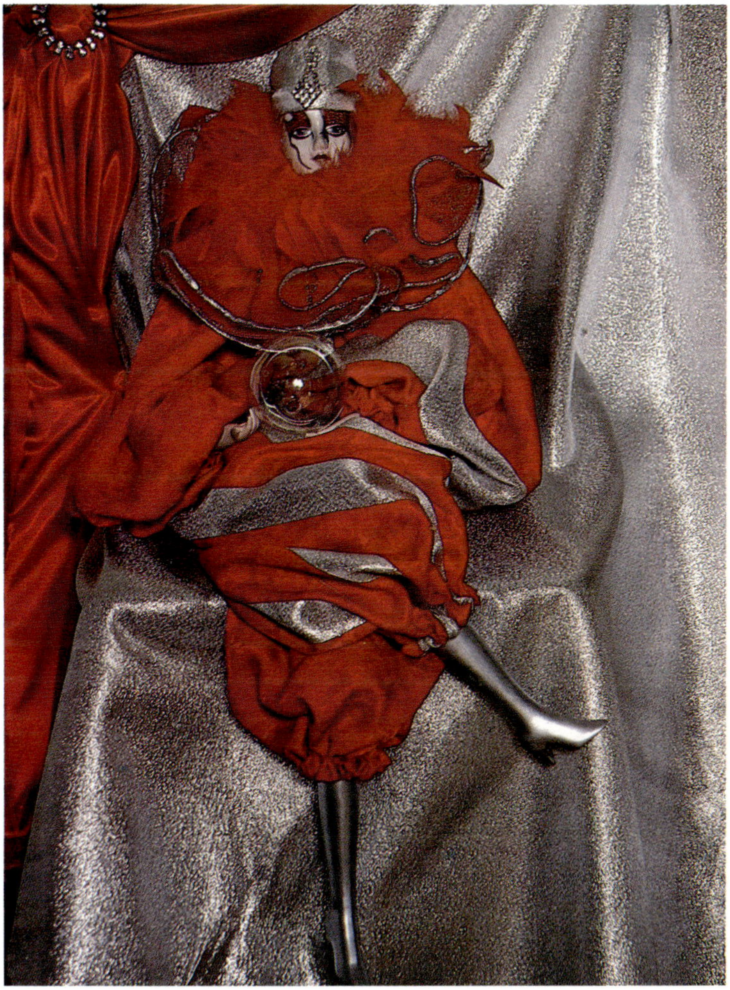

Tulpe

Auch hier ist der Körper nach dem Grundschnitt gearbeitet. Die Kleidung wurde vorwiegend aus farblich zusammenpassenden Stoffresten genäht; sie werden der Länge nach zusammengefügt. Die Ärmel werden, wie bereits auf den vorhergehenden Seiten beschrieben, eingesetzt und festgenäht.

Für die Kopfbedeckung werden 2 runde Stoffteile (in der Größe eines Suppentellers) aufeinandergenäht. Auf der einen Seite wird eine zum Kopfumfang passende Öffnung eingeschnitten. Diese ist nach innen zu säumen. Wenden Sie nun die Mütze (damit sind dann die Nähte innen!) und bringen Sie am Außenrand eine schmückende Goldtresse an. Farblich abgestimmte Federn werden obenaufgesetzt.

Die um den Hals liegenden Federn sollten unbedingt im Farbton eine Nuance heller sein. Werden die Füße in diesen beiden Farbtönen der Federarrangements bemalt, erzielt dies einen besonderen Effekt.

Achten Sie bei der Gesichtsbemalung sorgfältig darauf, daß die Farbharmonie erhalten bleibt!

Die hier gezeigte halbe Gesichtsbemalung ist seitengleich auf die andere Hälfte zu übertragen.

Classico

Für diesen Harlekin werden Arme und Halskrause in weißem Satin zugeschnitten; das linke Anzugteil ist schwarz, das rechte schwarz/weiß kariert.
Die einfache, eng anliegende Haube ist ganz in Schwarz gehalten.
Für die sehr füllige Halskrause werden ganze 4 m Stoff, ca 15 cm breit, verwendet, und das untere Ende möglichst klein eingesäumt. Je enger die eingereihte Krause am Hals anliegt, desto schöner fällt der dadurch erzielte Faltenwurf.
Im „Make-up" finden Sie wiederum die Farben Schwarz und Weiß sowie einen Silberton als Kontrastverstärkung.

So viele verschiedene lila Töne zusammen zu verarbeiten erfordert fast Mut. Aber es lohnt sich, wie die Abbildung zeigt. Der Anzug aus golddurchwirktem Jersey ist sehr füllig zugeschnitten. Die Halskrause besteht aus drei Streifen lila Tüll mit Gold. Die dem Tüll eingewebten Rechtecke sind am unteren Ende auszuschneiden. Der Rand zeigt dann kleine Spitzen auf. Das Säumen der Halskrause entfällt hiermit.

Verbleibende Reste vom Tüll und vom Anzugstoff werden zusammen um den Puppenkopf gelegt und festgenäht, nach Art eines Turbans. Die Kopfbedeckung wird zusätzlich ausgeschmückt mit größeren Goldperlen. Drei davon werden immer zusammen angebracht.

Die streifig angelegte Ausmalung weist Farbtöne vom hellen bis zum dunkelsten Lila auf.

Malen Sie erst eine Gesichtshälfte, diese können Sie nach dem Trocknen auf Architektenpapier abzeichnen und nun ganz genau auf die verbleibende Gesichtshälfte übertragen.

Für die Lippen wird ebenfalls ein kräftiges Lila verwendet.

Madame Noire

Diese Dame hat Körper und Kleidung im Grundmuster, das Dekor jedoch ist besonders aufwendig.
Augen und Lippen werden nach den aufgeführten Mustern Seite 11 in Schwarz aufgezeichnet.
Nach dem Trocknen dieser Farbe werden Augenlider und Augenbrauen mit silberfarbenem Glimmer nachgezogen.
Eine Wellenlinie mit dem Glimmer entlang der rechten Wange macht das Gesicht interessant.
Zu beachten:
Der Glimmer benötigt zum völligen Trocknen 24 Stunden! Nach der Trokkenzeit wird ein 20 cm^2 großes schwarzes Tüllstück streng über das Gesicht gezogen und am oberen Hinterkopf zusammengenäht.
Aus Knetmasse (Fimo oder Cernit), die Sie selbst im Backrohr brennen können, werden erst kleine Kugeln, aus diesen dann Blätter geformt (siehe Abbildung!). Vom Hinterkopf aus werden die geformten Blätter in Richtung Stirn am Kopf angedrückt. Achten Sie hierbei darauf, daß immer ein Blatt ein bißchen auf dem vorangegangenen Blatt aufliegt.
Der so bestückte Puppenkopf kommt nun für ca. 20 Minuten bei 120° C ins Backrohr.
Nach dem Auskühlen ist die Knetmasse jetzt fest und kann schwarz bemalt und mit Haarspray (Farbfestigkeit!) überzogen werden.
Die Halskrause besteht hier aus ca. 12 einzelnen Blättern, die aus schwarzem Tüll ausgeschnitten werden. Die Ränder der Blätter werden mit Glimmer umrahmt, wodurch das Einsäumen nicht mehr nötig wird.
Tip: Wenn Sie bei diesem Einfassen Alufolie unterlegen, klebt der Tüll beziehungsweise Glimmer nicht mit der Unterlage zusammen!
Am besten bleiben die so behandelten Blätter über Nacht zum Trocknen liegen.
Die Blätter werden dann wie jede andere Halskrause, eng eingereiht, am Hals angebracht und mit den Fingern drapiert.
Simili-Broschen oder -Ketten können nach Belieben noch zusätzlich angebracht werden.

Herzerl

Die Ideen zu dieser Art von Puppen stammen aus dem Fasching; gerade in dieser Zeit wird eine Fülle von bunt gemusterten Stoffen angeboten.
Das hier gezeigte Herzchenmuster der Kleidung wird in den gleichen Farben ins Gesicht übertragen. Eine zweilagig gearbeitete Tüll-Halskrause wird am Außenrand mit einem schmalen Seidenband – farblich zu den Herzchen passend – eingefaßt.
Als weitere Anregung:
Die jeweiligen Motive können auch ausgeschnitten und ins Gesicht geklebt werden.

MASKEN

Allgemeines

Einfache Maskenrohlinge erhalten Sie in fast jedem Bastelgeschäft.
Mit Gießformen und dem dazugehörigen Material können Sie Ihre ganz eigenen Masken herstellen.
Versuchen Sie es zunächst mit einem Gipsabdruck Ihres Gesichtes.
Die Zerbrechlichkeit des Gipsabdrukkes erschwert allerdings die Verzierung dieser Maske.
Ausgefallene Motive von Maskenrohlingen, einige davon werden nachfolgend aufgezeigt, wie Frühling, Sommer, Herbst und Winter, Harlekin, Kolombine, Bajazzo, Torero, können nur über die Verfasser bezogen werden.
Der Verwendungsmöglichkeit der fertig dekorierten Masken sind keine Grenzen gesetzt.
Als Mitbringsel sind sie immer willkommen. Farblich gut abgestimmt mit dem Interieur eines Raumes, erzielen sie einen besonderen Effekt.
Kräftige Farben verträgt die Ausarbeitung des Maskenrohlings, der den Sommer darstellt.
Das herbstliche Motiv dagegen erfordert Zurückhaltung in der Farbgebung. Warme Erdtöne sind angebracht.
Farbvielfalt jedoch erwartet die Ausarbeitung des Harlekin oder Bajazzo.
Diese Hinweise sollen Sie jedoch nicht davon abhalten, Ihre eigenen Ideen zu verwirklichen.

Verschiedene Masken

Aller Anfang ist nicht schwer!
Setzen Sie mit Plaka-Lack in den Farben Grün, Rot, Blau, Silber und Gold mit einem Pinsel große dicke Punkte auf dem Maskenrohling dicht aneinander.
Mit dem vorher bereitgelegten Strohhalm blasen Sie fest in die Farbpunkte. Die Farben laufen so gut ineinander. Dies wiederholen Sie so lange, bis die ganze Maske mit Farbe bedeckt ist.
Nach ca. 2 Stunden ist der Farbauftrag so trocken, daß er mit einem weichen Tuch gut nachpoliert werden kann.
Das erhöht die Leuchtkraft der Farben.

Eine besonders gut gelungene zusätzliche Dekoration der Maske wird hier aufgezeigt.
Die fertig bemalte Maske von der vorangegangenen Seite ist mit Satin in der vorherrschenden Farbe der Bemalung – hier in Rot – umhüllt.
Ein Stoffende wird in Form einer Schleife zusammengehalten und seitlich mit einer Nadel festgesteckt.
Unter der Schleife sind verschiedene Perlenketten angenäht, die lose seitlich weit herunterbaumeln.
Dieses Arrangement erfordert einen einfarbigen Hintergrund, um voll zur Wirkung zu kommen.

Der weiße Hintergrund des Maskenrohlings eignet sich sehr gut für den Auftrag von Initialen in Schwarz.
Ein ganzes Alphabet für viele Verwendungsmöglichkeiten finden Sie auf den beiden nachfolgenden Seiten.
Freibleibende Flächen auf den Masken können gut ausgefüllt werden mit den Blatt- und Blumenmotiven, die den jeweiligen Buchstaben anhängen, oder mit einfachen graphischen Mustern, wie vorgezeigt.

Dieser Maskenrohling ist mit Silber besprüht. Nach der Trockenzeit von ca. 24 Stunden werden von einem Punkt zwischen Nase und Stirn aus Federn um die Augen angeklebt in der Form eines Visiers.
An 5 Stücken von festem Draht werden Federn so aufgeklebt, daß sie eine Blütenform ergeben. In der Blütenmitte sitzt eine Perle.
Jede Feder erhält etwas Silberglimmer. Die unteren Drahtenden bringen Sie unter dem Federvisier mit Klebstoff an. An den äußeren Rand der Maske nähen Sie mit großen Stichen eine Perlenschnur als Abschluß fest.

Paillettenvisier

Dieses Visier ist ganz mit weinroten Pailletten beklebt.
Auf die zweite Reihe von oben sind außerdem noch kleine Perlen zusätzlich auf die Pailletten gesetzt. Die Rückseite der weinroten Pailletten ist silbrig. Diese ist in der dritten Reihe von oben verwendet worden.
Bei Verwendung von verschiedenen Farben können Sie auch Blumenmotive auf den Masken arrangieren. Dabei ist zu beachten, daß erst die Motive aufgeklebt werden müssen. (Grundlinien dafür mit Bleistift vorzeichnen.) Die verbleibenden freien Flächen sind dann mit einer Paillettenfarbe auszufüllen.

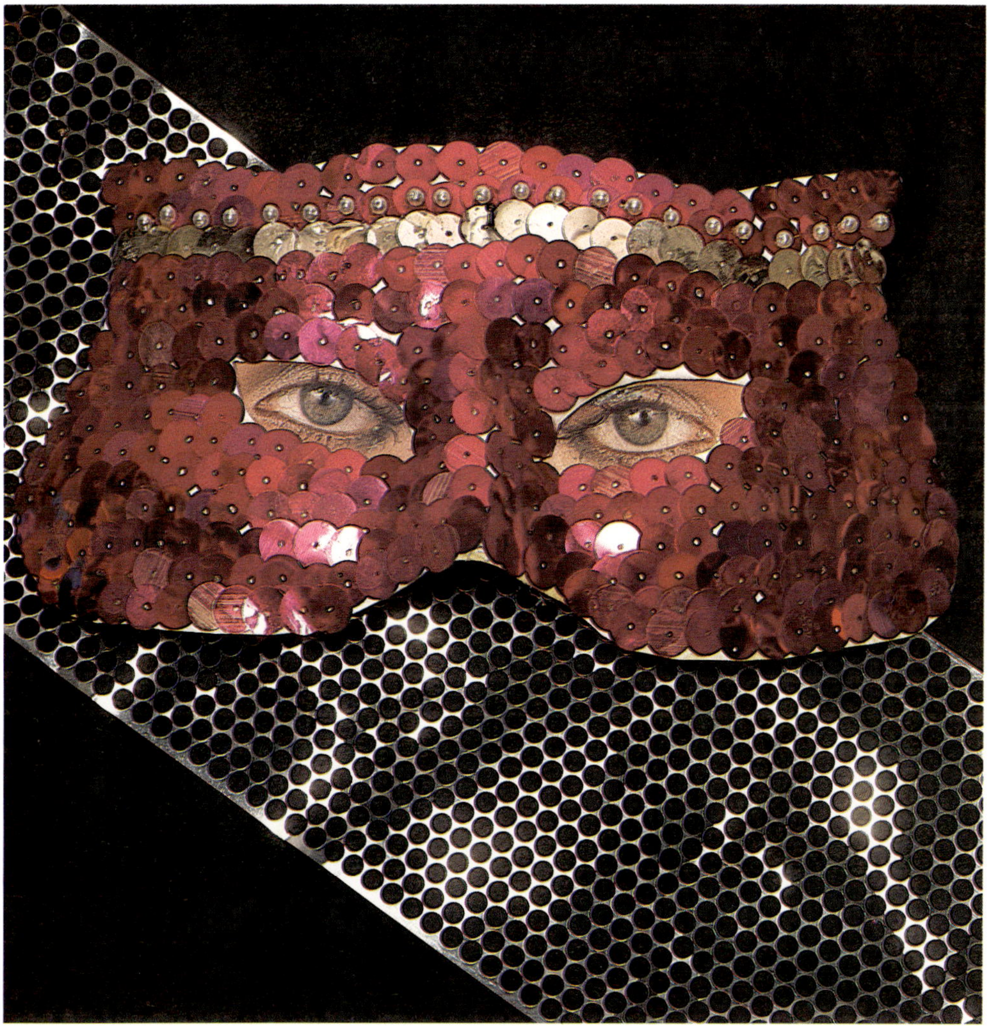

Loser silberner Glitter bedeckt diesen Maskenrohling ganz.
Sprühkleber garantiert das gleichmäßige Haften des Glitters.
Den Maskenrand deckt eine Silberkordel und eine Silberborte ab, beginnend am Auge.
Auf den Stoß von Kordel und Borte wird das kleine Bukett aufgesetzt, bestehend aus Perlen, auf Draht aufgefaßt, mittelgroßen Silberglaskugeln (3 oder 5 Stück), Silberband.
Einmal ist das obere Augenlid mit Glitterperlen umrahmt, einmal das untere.
Das Ausmalen der Lippen entfällt.

Selbst Motive aus der Bauernmalerei eignen sich gut zum Ausschmücken von Masken.
Grundieren Sie 3 davon jeweils in einer anderen Farbe, rötlich, Mattblau, Grün.
Tragen Sie das Vogel- und Blattmotiv auf jede der vorbehandelten Masken auf und malen es möglichst gleichmäßig aus.

Nach Belieben kann nach Art der Bauernmalerei sogar Patina abschließend verwendet werden.
Werden die fertigen Masken untereinander in einem alten Bilderrahmen mit einfarbigem Hintergrund angebracht, ergeben sie eine tolle Dekoration in rustikaler Umgebung.

Die Farben dieser Maske wirken faszinierend.
Das Schema ist denkbar einfach.
Legen Sie als erstes eine Schlangenlinie, die sich nach unten verjüngt, verlaufend von der rechten Schläfe, unter der Nase vorbei, zur linken Kinnseite. In die so aufgeteilten Flächen werden verschieden breite Linien mit dem Lineal versetzt gezogen und in den vorgegebenen Farbtönen ausgemalt. Zum Abschluß werden die Farbränder mit Gold nachgezogen.

Eine andere Variante: In die vorgezeichneten Linien Perlen eng aneinandergesetzt kleben in ähnlichen Farben. Es macht sich besonders gut, statt der goldfarben gezogenen Linien eine Reihe Goldperlen aufzukleben.

Ein weiterer, leicht nachzuarbeitender Vorschlag: Legen Sie die Linien wie schon beschrieben an. Statt Farben wird zum Ausfüllen verschieden getönter loser Glitter aufgeklebt. Nur die im Original sichtlichen Goldränder, mit einer Reihe von Goldperlen ausgelegt, verleihen einen besonderen Reiz.

Oder: Schneiden Sie aus alten Garten- und Blumenkatalogen die farbprächtigen Blüten aus und bekleben Sie die ganze Maske damit.

Ziehen Sie von der linken Stirnseite eine schräge Linie zur unteren rechten Kinnseite.
Füllen Sie je eine Hälfte mit ganz kleinen Blüten rosa, hellblau, braun oder gelb usw. aus.
Eine dazu passende Seidenkordel als Abschluß am Maskenrand angebracht, deren Ende dann am Kinn als Quaste ausläuft, rundet das Ganze ab.

Dieses Visier ist ganz mit weißen Federn beklebt. Man beginnt am oberen Rand und setzt immer eine Reihe Federn ein bißchen auf die vorangegangene auf. Etwas längere Federn werden am Rand angebracht. Rund um die Augen ist Silberglitter aufgeklebt. An den beiden äußeren Augenwinkeln sind Perlen und Simili-Steine angebracht.
Das Bukett von Glasperlen, das auf der Stirnmitte sitzt, ist mit Sprühkleber rundum versehen und dann in losem Silberglitter gewälzt.

Dieselbe Maske, ganz in Pink oder Hellblau oder in Ihrer Lieblingsfarbe nach der oben gegebenen Anleitung gearbeitet, sieht bestimmt genauso gut aus.

Einfach in der Ausführung, aber groß in der Wirkung ist diese Maske.
Die obere Hälfte der Maske ist mit Goldglitter, die untere mit Silberglitter beklebt.
Die Abgrenzung von Gold und Silber besteht aus ganz kleinen transparenten Sternchen, die auch geklebt werden. So ist auch die Augenumrahmung gestaltet. Das ca. 3 m lange Goldmetallband ist zu vielen kleinen Schleifen zusammengenäht und am oberen Maskenrand angeheftet.

Das Dekor dieses goldfarbenen Maskenrohlings besteht nur aus gerade gezogenen Linien über dem einen Auge. Das andere Auge wird am unteren Rand mit Halbbögen aus Glitterpaint in Silber verziert.
Ein similibesetzter Stern ist auf der Wange angebracht.
Ein knallroter Federbusch fällt locker in die Stirn. Der Bilderrahmen, der das Ganze aufnimmt, wurde vorher mit einem schwarz-goldenen Hintergrund versehen.
Machen Sie sich die Mühe und fertigen Sie ein Pendant in Silber an. Bringen Sie beide gut sichtbar an der Wand an. Sogar Schwarz eignet sich gut als Grundfarbe für dieses Modell; dazu ein Auge mit Silber-Glitterpaint, das andere mit Gold-Glitterpaint verziert. Diesmal vollendet ein weißer Federbusch die Variante.

In sich gemusterte Federn finden Verwendung bei der Gestaltung dieser Halbmaske.
Die Anordnung der Federn habe ich Tierabbildungen abgeschaut.
Kurze Federn werden rund um die Augen angeordnet und festgeklebt.
Das Teil zwischen den Augen bis zum Stirnende ist auch mit den kleinen Federn beklebt.
Die langen Federn finden Platz an den beiden Außenrändern der Augen.
Rund um die Augen sind Goldpailletten und silberne Blattpailletten angebracht, ebenso im Mittelteil.
Wenn Sie es ganz genau machen wollen, unterlegen Sie die ganze Federarbeit mit Blattpailletten in Grün. (Maskenrohling ganz damit bekleben.)
Dann empfiehlt es sich aber, weniger Federn aufzukleben, so daß die grünen Blattpailletten durchschimmern.

Auf diesen unbehandelten Maskenrohling werden von einem Augenwinkel aus mit dem Lineal Linien gezogen. Das Ende jeder Linie wird immer mit einem kleinen Bogen mit der nächsten verbunden. Alle werden mit dem feinsten Pinsel in Schwarz nachgezogen.
Füllen Sie nun die Flächen entweder nach dem vorgegebenen Farbmuster aus, oder verwirklichen Sie Ihre eigene Farbkomposition.
Jedes Farbfeld wird an einem Rand mit gut flüssigem Deckweiß aufgehellt.
Nach völligem Trocknen der aufgetragenen Farben sind die schwarz gezogenen Linien entweder mit goldenem oder silbernem Glitterpaint nachzuzeichnen. Ein kleines Schmuckstück an den Ausgangspunkt der Linien gesetzt, ergibt die persönliche Note. (Schmuckbroschen in Buchstabenform mit Simili-Steinen besetzt wären ein Beispiel.)
Dieselbe Graphik auf einen großen Puppenkopf aufgetragen und ausgemalt in den Kleiderfarben macht sich besonders gut.
Schwieriger zu arbeiten ist folgender Vorschlag:
Die Linien werden, wie schon beschrieben, gezogen. Aus glänzenden Stoffresten in ähnlichen Farben werden spitz zulaufende längliche Teile, der Graphik folgend, zugeschnitten und aufgeklebt. Statt Glitterpaint wird eine Seidenkordel als Begrenzung der Farbfelder verwendet.

Dasselbe Motiv kommt noch einmal zur Ausarbeitung. Der Maskenrohling wurde allerdings vorher mit einer Silberschicht aus der Sprühdose überzogen. Das Setzen der Linien und der Farbauftrag wird wie vorangegangen beschrieben ausgeführt.
Auf die mit Glitterpaint gezogenen Schlußlinien sind diesmal noch zusätzlich Punkte aus Glitterpaint aufgesetzt. Statt der Glitterpunkte kann man gut farblich abgestimmte kleine Glassteine verwenden.
Dünne Perlenschnüre in den Regenbogenfarben sind auch dafür geeignet.
Während der Arbeit daran kommen Ihnen sicher weitere Ideen.

Die ägyptisch anmutende Graphik dieser Maske ist leicht nachzuahmen.
Die Hauptfarben sind Gold, Dunkelblau und Hellblau. Wiederum sind mittels Lineal Linien anzubringen, die Sie entweder wie vorgegeben ausfüllen, oder Sie entwerfen Ihre eigene Graphik.
Legen Sie den Maskenrohling auf Architektenpapier, und zeichnen Sie den äußeren Rand der Maske mit einem Bleistift nach.
So haben Sie das genaue Maß. Lassen Sie Ihrer Phantasie freien Lauf.
Vom Papier können Sie dann den Entwurf gut auf den Maskenrohling übertragen.

Das Erstellen dieser Maske ist wirklich einfach und erzielt eine große Wirkung.
Ein aus festem Papier geschnittenes Quadrat dient als Muster.
Es wird so, wie es einem gerade gefällt, auf den Maskenrohling im Umriß aufgezeichnet, eins angesetzt an das andere.
Da durch die Wölbungen des Maskenrohlings dazwischen kleine Flächen-Dreiecke frei bleiben, sind diese mit einem Lineal mit den Quadraten zu verbinden. Mit Plaka-Lackfarben in Gold, Silber, Türkis, Hochrot, Blau und Pink werden nun die kleinen Flächen ausgefüllt.
Achten Sie gut darauf, daß Sie nach jedem Kästchen die Farbe wechseln.
Nach der immer wieder beschriebenen Trocknungszeit soll die Maske mit einem sehr weichen Tuch gut poliert werden.
Einen besonderen Effekt erzielt man bei dieser Maske durch Umhüllen mit Satin.
Beide Stoffenden werden abschließend oben von einer Simili-Brosche zusammengehalten.
Die Augen, die in den Masken angebracht sind, wurden nach Bedarf aus Zeitungen ausgeschnitten und mit Klebstreifen an der Innenseite der Maske befestigt.

Ein weiterer Vorschlag: Die mit Quadraten und Dreiecken ausgefüllte Maske wird wechselweise mit losem Silberglimmer und Glimmer in Dunkelgrün belegt.
Die Stoffumrahmung sollte dann in der Farbe des grünen Glimmers gewählt werden.

Oder Sie füllen die kleinen Flächen nur zweifarbig mit Plaka-Lack aus und ziehen am Schluß alle äußeren Ränder mit dem dazu passenden Glitterpaint nach.

Auf den Goldgrund dieses Maskenrohlings wird die wirklich leicht nachzuarbeitende Graphik aufgezeichnet. Sie gehen dabei von einem Punkt oben aus. Die sich nach unten etwas verbreiternden Flächen enden links und rechts an den Schläfen.
Über der Nasenwurzel bleibt eine halbrunde Fläche frei, in die tulpenartige Blätter aufgemalt werden. Ein roter Federbusch wird oben an der Stirn angebracht.

Der Clou ist der Metallrahmen, in den die Maske paßt wie abgemessen.
Ein dunkler Hintergrund bringt diese Maske besonders zur Geltung.
Wird die Grundierung mit Plaka-Lack vorgenommen, kann die Farbe der vorgegebenen Graphik beibehalten werden. Nur der Federbusch sollte dann blau sein.
Für welche Farbe Sie sich auch entscheiden, eine Brosche aus Goldmetall, über den Augen angebracht, eignet sich immer.

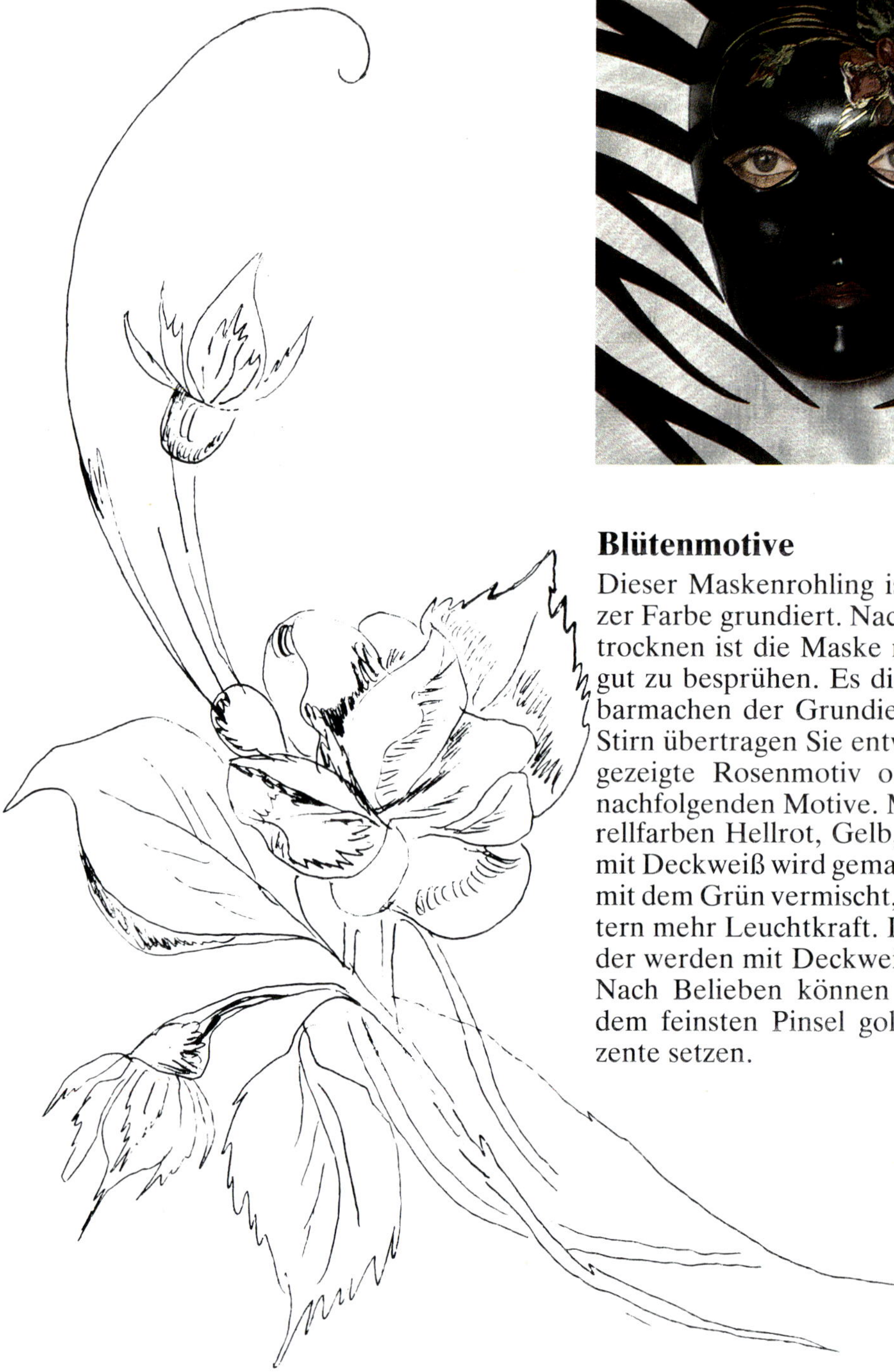

Blütenmotive

Dieser Maskenrohling ist mit schwarzer Farbe grundiert. Nach dem Durchtrocknen ist die Maske mit Haarspray gut zu besprühen. Es dient zum Haltbarmachen der Grundierung. Auf die Stirn übertragen Sie entweder das hier gezeigte Rosenmotiv oder eines der nachfolgenden Motive. Mit den Aquarellfarben Hellrot, Gelb, Saftgrün und mit Deckweiß wird gemalt. Etwas Gelb mit dem Grün vermischt, gibt den Blättern mehr Leuchtkraft. Die Rosenränder werden mit Deckweiß aufgehellt. Nach Belieben können Sie noch mit dem feinsten Pinsel goldfarbene Akzente setzen.

Die folgenden Motive dienen Ihnen zur Anregung. Sie sehen gleich gut aus, für welchen Hintergrund Sie sich auch entscheiden.